Prvi ilustrovani rečnik
Životinje

First Picture Dictionary
Animals

Svinja
Pig

Leptir
Butterfly

Lisica
Fox

Zec
Rabbit

Ilustrovala Anna Ivanir

www.kidkiddos.com
Copyright ©2025 by KidKiddos Books Ltd.
support@kidkiddos.com

All rights reserved. No part of this book may be reproduced in any form or by any electronic or mechanical means, including information storage and retrieval systems, without written permission from the publisher, except in the case of a reviewer, who may quote brief passages embodied in critical articles or in a review.
First edition, 2025

Library and Archives Canada Cataloguing in Publication
First Picture Dictionary – Animals (Serbian English Bilingual edition - Latin Alphabet)
ISBN: 978-1-83416-753-4 paperback
ISBN: 978-1-83416-754-1 hardcover
ISBN: 978-1-83416-752-7 eBook

Divlje životinje
Wild Animals

Lav
Lion

Tigar
Tiger

Žirafa
Giraffe

✦ Žirafa je najviša životinja na kopnu.
✦ A giraffe is the tallest animal on land.

Slon
Elephant

Majmun
Monkey

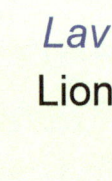

Medved
Bear

Kengur
Kangaroo

Krokodil
Crocodile

Kamila
Camel

Zebra
Zebra

Divlje životinje
Wild Animals

Nilski konj
Hippopotamus

Panda
Panda

Lisica
Fox

Nosorog
Rhino

Jelen
Deer

Los
Moose

Vuk
Wolf

Veverica
Squirrel

✦ *Los je odličan plivač i može da zaroni pod vodu da jede biljke!*

✦ A moose is a great swimmer and can dive underwater to eat plants!

Koala
Koala

✦ *Veverica skriva orahe za zimu, ali ponekad zaboravi gde ih je stavila!*

✦ A squirrel hides nuts for winter, but sometimes forgets where it put them!

Gorila
Gorilla

Ljubimci
Pets

Kanarinac
Canary

✦ *Žaba može da diše kroz kožu, kao i plućima!*
✦ *A frog can breathe through its skin as well as its lungs!*

Zamorče
Guinea Pig

Žaba
Frog

Hrčak
Hamster

Zlatna ribica
Goldfish

Pas
Dog

✦ *Neki papagaji mogu da ponavljaju reči, pa čak i da se smeju kao ljudi!*

✦ Some parrots can copy words and even laugh like a human!

Mačka
Cat

Papagaj
Parrot

Životinje na farmi
Animals at the Farm

Krava
Cow

Kokoška
Chicken

Patka
Duck

Ovca
Sheep

Konj
Horse

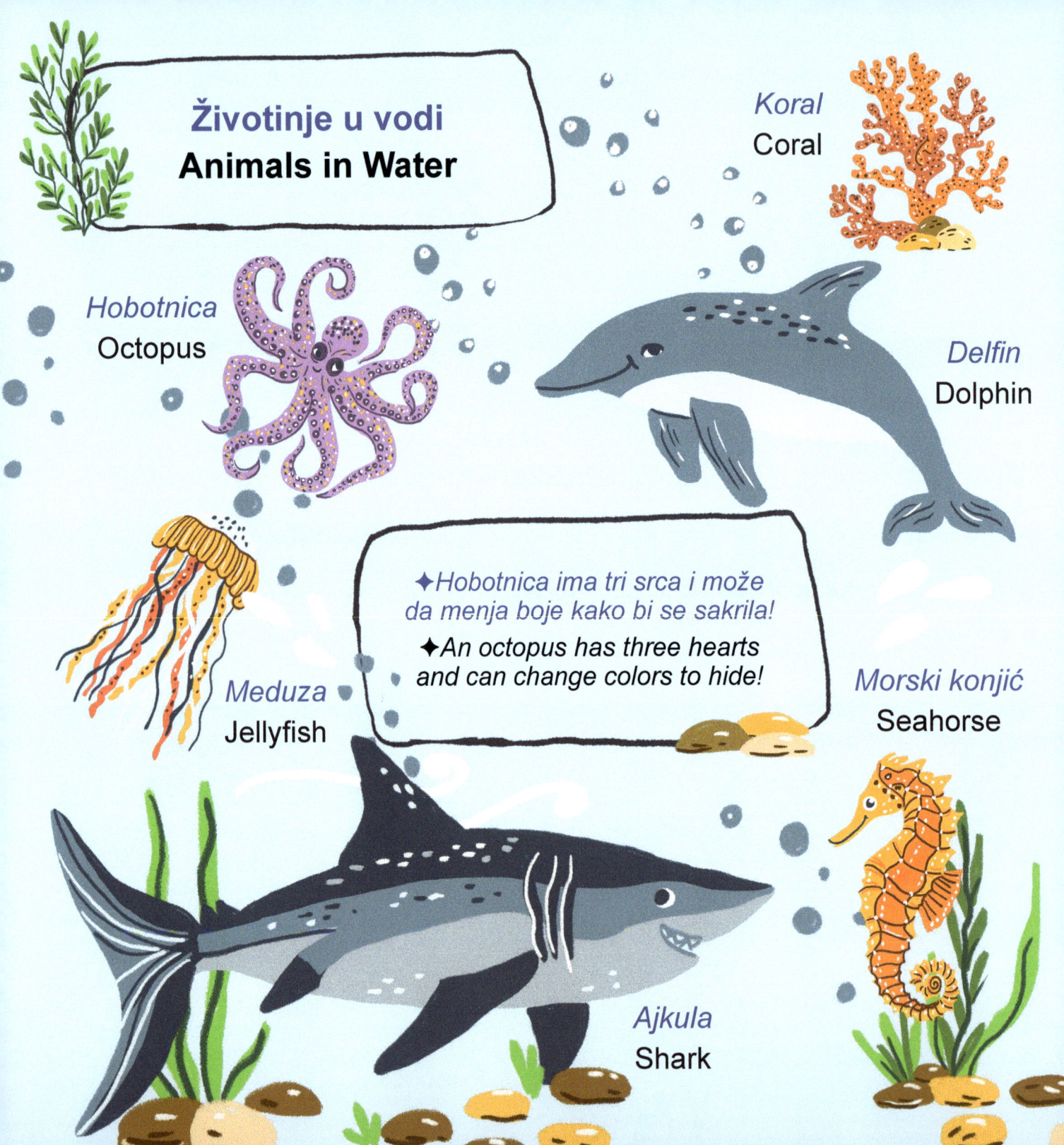

Jazavac
Badger

Bodljikavo prase
Porcupine

Mrmot
Groundhog

✦ *Gušteru može da izraste novi rep ako izgubi stari!*
✦ *A lizard can grow a new tail if it loses one!*

Guster
Lizard

Mrav
Ant

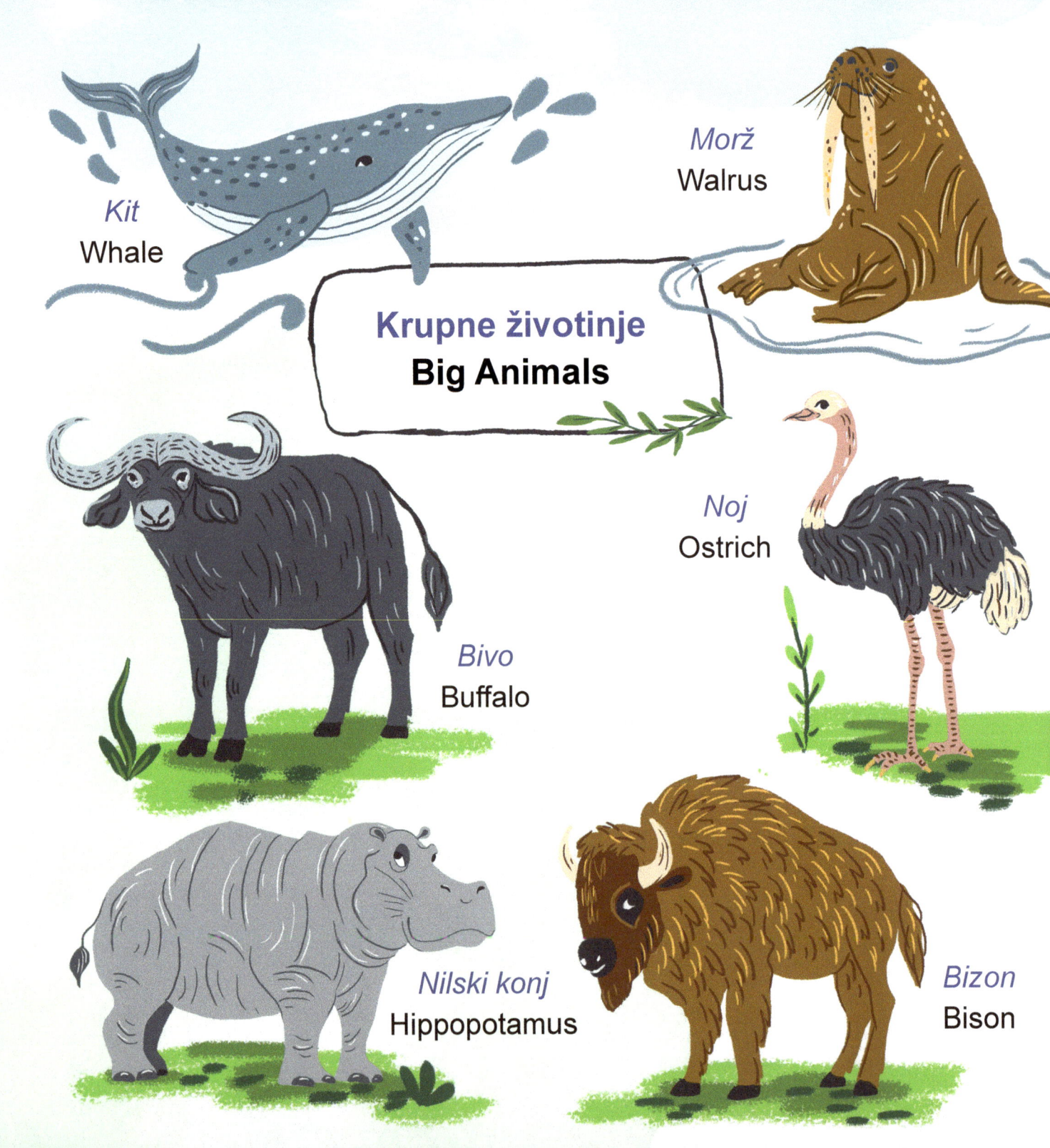

Male životinje
Small Animals

Kameleon
Chameleon

Pauk
Spider

✦ *Noj je najveća ptica, ali ne može da leti!*
✦ *An ostrich is the biggest bird, but it cannot fly!*

Pčela
Bee

✦ *Puž nosi svoju kuću na leđima i kreće se veoma sporo.*
✦ *A snail carries its home on its back and moves very slowly.*

Puž
Snail

Miš
Mouse

Tihe životinje
Quiet Animals

Bubamara
Ladybug

Kornjača
Turtle

✦ *Kornjača može da živi i na kopnu i u vodi.*
✦ A turtle can live both on land and in water.

Riba
Fish

Gušter
Lizard

Sova
Owl

Šišmiš
Bat

✦ *Sova lovi noću i koristi svoj sluh da pronađe hranu!*
✦ An owl hunts at night and uses its hearing to find food!

✦ *Svitac svetli noću da bi pronašao druge svice.*
✦ A firefly glows at night to find other fireflies.

Rakun
Raccoon

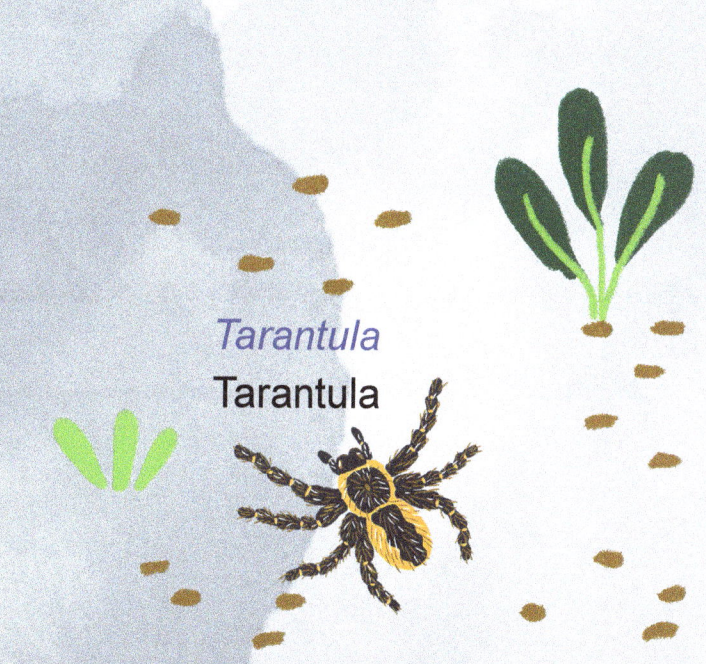

Tarantula
Tarantula

Šarene životinje
Colorful Animals

Flamingo je roze
A flamingo is pink

Sova je braon
An owl is brown

Labud je beo
A swan is white

Hobotnica je ljubičasta
An octopus is purple

Žaba je zelena
A frog is green

✦ *Žaba je zelena, pa može da se sakrije među lišćem.*
✦ A frog is green, so it can hide among the leaves.

Životinje i njihove bebe
Animals and Their Babies

Krava i tele
Cow and Calf

Mačka i mače
Cat and Kitten

Kokoška i pile
Chicken and Chick

◆ *Pile „razgovara" sa svojom mamom čak i pre nego što se izlegne.*
◆ *A chick talks to its mother even before it hatches.*

Pas i štene
Dog and Puppy

Leptir i gusenica
Butterfly and Caterpillar

Ovca i jagnje
Sheep and Lamb

Konj i ždrebe
Horse and Foal

Svinja i prase
Pig and Piglet

Koza i jare
Goat and Kid

www.ingramcontent.com/pod-product-compliance
Lightning Source LLC
LaVergne TN
LVHW072102060526
838200LV00061B/4795